Tadpole Books are published by Jump!, 5357 Penn Avenue South, Minneapolis, MN 55419, www.jumplibrary.com

Copyright ©2024 Jump. International copyright reserved in all countries. No part of this book may be reproduced in any form without written permission from the publisher.

Editor: Jenna Gleisner **Designer:** Emma Almgren-Bersie **Translator:** Annette Granat

Photo Credits: dlewis33/iStock, cover; Nynke van Holten/Shutterstock, 1; FotoRequest/Shutterstock, 2tr, 10-11; PUSCAU DANIEL/Shutterstock, 2ml, 8-9; adogslifephoto/iStock, 2mr, 4-5; Michael Benard/Shutterstock, 2bl, 12-13; Steven Tessy/iStock, 2br, 6-7; Nature Picture Library/Alamy, 2tl, 14-15; Agus_Gatam/Shutterstock, 3; Rawisyah Aditya/Shutterstock, 16tl; Ken Griffiths/Shutterstock, 16tr; Matt Jeppson/Shutterstock, 16bl; Audrey Snider-Bell/Shutterstock, 16br.

Library of Congress Cataloging-in-Publication Data is available at www.loc.gov or upon request from the publisher.
ISBN: 979-8-88996-720-0 (hardcover)
ISBN: 979-8-88996-721-7 (paperback)
ISBN: 979-8-88996-722-4 (ebook)

MIS PRIMEROS LIBROS DE ANIMALES
LAS SERPIENTES

por Natalie Deniston

TABLA DE CONTENIDO

Palabras a saber 2

Las serpientes 3

¡Repasemos! 16

Índice 16

PALABRAS A SABER

deslizándose

grande

lengua

manchas

pequeña

rayas

LAS SERPIENTES

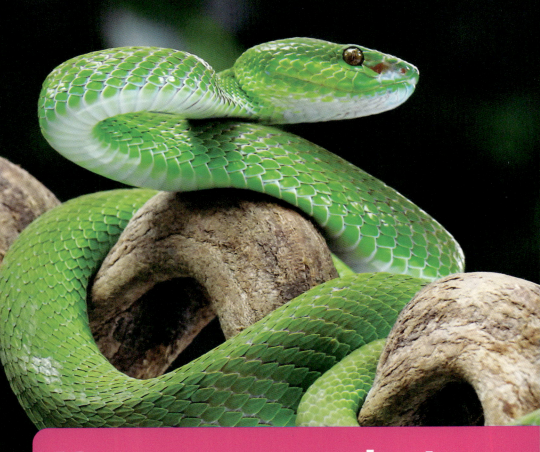

Yo veo una serpiente.

Veo manchas.

Veo rayas.

Veo una lengua.

Veo una serpiente grande.

Veo una serpiente pequeña.

La veo deslizándose.

¡REPASEMOS!

Las serpientes pueden tener muchos colores y patrones. ¿Qué colores y patrones tienen las serpientes de abajo?

ÍNDICE

deslizándose 15
grande 11
lengua 9

manchas 5
pequeña 13
rayas 7